मलाल

प्रतीक सचान

Made with ♥ on the Notion Press Platform
www.notionpress.com

जब बैठा यूँ मै एकांत में, तो परिंदे पर मार गये,

जिंदगी जिनी थी लम्बी लेकिन जिंदगी से ही हार गये ||

बापू ....

क्रम-सूची

भूमिका

मलाल, सुनकर ही महसूस होता है की जैसे कुछ ऐसे जख्म जो मरहम तो मांगते हैं मगर उस मरहम का कोई असर नहीं होता| जो की हमेशा के लिए रहे जाते हैं, जो हर समय एक ही चीज़ का आभास कराते हैं, की काश ऐसा न होता तो ये होता, काश ये काश वो ,,,, और यही काश उस मलाल की उत्पत्ति का ज़िम्मेदार होता है| जो की कभी दिल को शांति नहीं देता, क्योंकि ऐसा मलाल सिर्फ अपनों के खोने से ही होता है, जो की आप, शब्दों से निकले भावों को पढ़कर जान पाएंगे, जो की इसके अध्यायों में अलग अलग तरह से लिखा गया है ताकि आपको नीरसता महसूस न हो |

धन्यवाद !!

प्रस्तावना

इस संसार की एक प्रक्रिया है, जो जन्मा है, उसको एक न एक दिन इस जीवन को छोडकर जाना ही पड़ता है, मगर इसका कोई समय निश्चित नहीं है| इसके बावजूद हम अपना जीवन बगैर किसी चिंता के जीने में लगे हैं और हर उस चीज़ को पाने में लगे हैं, जिसका महत्व सिर्फ कुछ क्षणों के लिए ही होता है| उसके बाद तो सिर्फ नई उम्मीद उत्पन्न होती है और आखिर में इस जीवन से आजादी| जो भी व्यक्ति इस जीवन से आज़ाद होता है, तो एक मलाल और निराशा व् कई तरह के प्रश्न उस व्यक्ति के अपनों के मन में रहे जाते हैं| जिसका जवाब वो ढूँढना नहीं चाहता और दुसरे व्यक्ति से जवाब सुनना नही चाहता, क्योकि इस समय सिर्फ वो अपने आपको अंतर्मन की बेड़ियों में जकड़ा पाता है इसका कारण है उसके अपने इंसान का इस दुनिया से छोडकर जाना, दरसल माता पिता का जाना, जिनके साथ सजाये हुए सपने और इतनी उम्मीदें पल भर में टूट जाती हैं और सपने, सपने ही रहे जाते हैं और उन उम्मीदों को दिलों में दफ़न कर लेते हैं, जिनका भार सारे जीवन भर उठाकर जीना पड़ता है |

1. वो सनसनी

सनसनी सी लेकर अपने दिल में ,
दिल में हैं ख्वाब और हम हैं जिद में
उस जिद में ख्वाबों को पूरा कर रहा हर दिन में ||

दिन की तलाश में,लम्बी हो रही मेरी रात
रात की चांदनी से कर रहा दिल की मैं सारी बात
बैठा हूँ सनसनाहट में मगर आ रही किसी की आहात ||

आहात की मौजूदगी कुछ तो करा रही एहसास
बिछड़ा कोई अपना करा रहा, अपने मौजूद होने का एहसास
मन तो हो रहा उत्साहित, मगर ह्रदय में नही इतना साहस ||

साहस ही करा रहा, इस जीवन की कठिनाइयों से लड़ाई
कठिनाइयों की लड़ाई में सारा दिन रहती है तन्हाई
तन्हाई पकडकर ही बीते कुछ दिनों की हैं रातें बिताई ||

रातें बिताते बिताते,अब खड़ा हूँ मैं एक याद में
जो की सपने सजाये हुए थे , पूरे होने के लिए बाद में
बाद तो आया ही नहीं क्युकी वो इंसान ही नही अब साथ में ||

2. एक बात

एक बात थी जो मुझे उनसे कुछ करनी थी ,
वो रात भी जो इतनी लम्बी थी ||

एक बात थी जो मुझे उनसे कुछ करनी थी ,
मगर दिल में उस दिन एक ऐसी सनसनी थी ||

एक बात थी जो मुझे उनसे कुछ करनी थी ,
शब्द तो थे लेकिन शायद उनको ही नहीं सुननी थी ||

एक बात थी जो मुझे उनसे कुछ करनी थी ,
थे सामने मगर,शांत थे दोनों, शायद यही मेरी करनी थी ||

एक बात थी जो मुझे उनसे कुछ करनी थी ,
मगर उस समय ,मुझमे उनमे सब मे एक चुप्पी थी ||

एक बात थी जो मुझे उनसे कुछ करनी थी ,
निहार रहा था उनको ,शायद उनमे ही कोई नाराज़गी थी ||

एक बात थी जो मुझे उनसे कुछ करनी थी ,
शायद उनसे बोलने के लिए एक कोशिश और करनी थी ||

एक बात थी जो मुझे उनसे कुछ करनी थी ,
करता भी क्या बात, उनको जीवन से आजादी जो मिलनी थी ||

3. कहानी

पूछता है ज़माना , कैसी रही जिंदगानी मेरी
सुनाना चाह रहा हूँ आज कहानी मेरी
नहीं हैं आज बापू , अब अधूरी है जिंदगानी मेरी ||

आँखों के सितारे हुआ करते थे उनके हम कभी
आसमां में वो खुद एक सितारे हैं अभी
मगर यूँ उम्मीद न थी उनकी,इतने जल्दी जाने की कभी ||

इस घर और दीवारों के बीच अकेले हम रहे गये
जाते जाते इस कदर वो , दो शब्द भी न कहे गये
बिछड़े हमसे या हम उनसे , सारी तकलीफ हम फिर भी सहे गये ||

निशानियाँ हैं उनकी, जो रखीं हैं छुपाकर यहीं
उन निशानियों को देख याद आती है कहीं न कहीं
याद करते हैं उन्हें मगर, मिलने वो अब आते नहीं ||

यादों के बीच खुद को दिला रहे अब दिलासा
महसूस होता है ऐसे जिंदगानी न हो ,हो जैसे तमाशा
टुकड़े अपने अधूरी कहानी के लेकर खड़ा हूँ मैं हताशा ||

4. वो रात

अंधेरा हो रहा था ऐसा, उस दिन उस शाम ही में
जहाँ हो इतनी हलचल, मगर थी अधीरता उस शाम उस गली में
सनसनाहट थी सबमे इतनी की एक भवरा भी न बैठा पेड़ की उस कली में ||

जिंदगी जी रहे थे यूँ सपने लेकर मगर ख़ाक हो गया सब आज ही में
मैं हूँ आज अकेला क्योंकि नहीं हैं वो आज हमारे साथ ही में
मन मचल रहा है की एक सवाल करू शायद कुछ मिल जाये उस जवाब ही में||

उस रात पता चला कि इस जीवन का कोई हिसाब नहीं है
ख्वाब थे साथ में जो उनके इतने, मगर आज कोई ख्वाब नहीं है
क्या सवाल करूँ बनानेवाले से, उसके पास भी सवाल नहीं है ||

उनको देखा नहीं उस रात से लगता एक अरसा हो गया
अभी तो थे पास में मगर ये सब क्या और कैसे हो गया
मेरा सब कुछ होते हुए भी, मानो मेरा सब खो गया ||

5. मलाल

अफ़सोस सता रहा है अब हर उस पल का
जो सजाने थे बाद में मगर इंतज़ार था कल का ||

उस कल का करते इंतज़ार आज नहीं है कुछ हाँथ में
उनके न होने की वजह से, अक्सर याद आती है उनकी रात में ||

रातें निकल रहीं हैं अब बस युहीं गिन - गिन कर
उनकी बातें, उनकी यादें रख रहा हूँ बस बिन - बिन कर||

यादें भी समेट ली हैं और समेट ली हैं उनकी बातें भी
समेटना है मगर, समेटू कैसे उनके साथ बिताई हुईं रातें
भी

समेट लिया सारा कुछ शायद ही कुछ बाकी है
मगर समेटते समेटते सब कुछ अब खुद को समेटना बाकी है

फिर भी जवाब नहीं मिलते कुछ अनकहे सवाल से
क्योंकि जिंदगी जीनी पड़ती है हर एक उस मलाल से

6. मोह

समय का दिया हुआ सबके पास एक ऐसा घाव है
जिसका कारण सिर्फ और सिर्फ अपनों से लगाओ है ||

जानते हुए सारा कुछ की सब कुछ छोड़कर एक दिन जाना है
मनुष्य का जीवन ही है ऐसा की हर कोई मोह,माया में दीवाना है ||

अफ़सोस बोलू या दुःख बोलू, या बोलू मलाल मैं
क्या कहना सही है पूछता हूँ ये सवाल मैं ||

बिखरा हुआ पाया है हर एक इंसान को इस काले सच से पकड़कर अपने आपको और बैठ जाते हैं फिर एक अज्ञात डर से |

ऐसी समस्याएं तो रहीं यूँ जीवन से ख़त्म होने से
डर लगता है तो सिर्फ अपनों के खोने से ||

मन मे आ रहे कुछ न सुलझे हुए ख्यालों को
लगता है लेकर जाना पड़ेगा साथ में ही ऐसे सवालों को ||

मानो तो जैसे एक कहावत है मोह और माया जब तक
इंसान के साथ है
जब भी छूटे मोह और माया तो पहले आंसू फिर हृदय ही
भड़भड़ात है ||

www.ingramcontent.com/pod-product-compliance
Lightning Source LLC
LaVergne TN
LVHW041306150826
845673LV00008B/2761